BURNOUT

Coleção **SAÚDE DA MENTE**

COMO ENFRENTAR O

BURNOUT

2ª edição

astral cultural

Editora Natália Ortega
Editora de arte Tâmizi Ribeiro
Produção editorial Andressa Ciniciato, Brendha Rodrigues e Thais Taldivo
Revisão Alexandre Magalhães
Capa Agência MOV

Dados Internacionais de Catalogação na Publicação (CIP)
Angélica Ilacqua CRB-8/7057

C728

Como enfrentar o burnout / Astral Cultural. – 2. ed.
– Bauru, SP : Astral Cultural, 2024.
96 p. (Coleção Saúde da Mente)

ISBN 978-65-5566-518-5

1. Autoajuda 2. Burnout (Psicologia) I. Série

24-1592 CDD 158.723

Índices para catálogo sistemático:
1. Autoajuda

BAURU
Rua Joaquim Anacleto
Bueno, 1-42
Jardim Contorno
CEP: 17047-281
Telefone: (14) 3879-3877

SÃO PAULO
Rua Augusta, 101
Sala 1812, 18° andar
Consolação
CEP: 01305-000
Telefone: (11) 3048-2900

E-mail: contato@astralcultural.com.br

APRESENTAÇÃO

Será que é normal se sentir impaciente, improdutivo, com a mente esgotada e com o nível de estresse elevado por conta de imprevistos e adversidades — ou, nem tanto assim?

O acúmulo de determinados coeficientes negativos, como o excesso de trabalho, os conflitos em relacionamentos e as alterações naturais do cérebro, é capaz de gerar distúrbios mentais que levam o organismo e a mente à exaustão quando não tratados devidamente. Só para se ter uma ideia, um estudo realizado pela Organização Mundial da Saúde (OMS), em 2019, apontou que o Brasil é o campeão mundial no índice de ansiedade.

Sabendo disso, é essencial conhecer as características dos transtornos da mente que assolam a humanidade e também os meios mais eficazes de combatê-los. Por isso, produzimos a Coleção Saúde da Mente, com o intuito de ajudar você a vencer as dificuldades impostas pela correria derivada da modernidade.

Neste volume, você vai descobrir tudo sobre um problema que tem se tornado cada vez mais comum no ambiente corporativo: a síndrome de burnout, condição que leva milhares de pessoas ao esgotamento físico e psicológico hoje em dia, e que desde 2022 é reconhecida como uma doença ocupacional pela OMS. Sendo assim, o empregado que recebe o diagnóstico tem os mesmos direitos trabalhistas e previdenciários assegurados em relação a todas as outras doenças decorrentes do trabalho.

Você poderá compreender seus sintomas, como ocorre o diagnóstico, métodos para buscar alívio e muito mais! Além disso, separamos também espaços para debater sobre os principais gatilhos que desencadeiam problemas no ambiente de trabalho, a importância da nutrição na saúde emocional, a influência da depressão, da ansiedade e do estresse no cansaço mental — e vice-versa —, além de opções de terapias alternativas e convencionais que auxiliam na obtenção de equilíbrio e de bem-estar.

SUMÁRIO

1

INTRODUÇÃO

Você já deve ter acordado sentindo um cansaço além do normal e com aquela sensação de que precisava de mais algumas horas de sono, não é verdade? Mas já parou para pensar em até que ponto isso pode ser normal? Saiba que a indisposição para a rotina do dia a dia é mais comum do que se pensa. De acordo com uma pesquisa realizada pelo Instituto Brasileiro de Opinião Pública e Estatística (Ibope), 98% da população brasileira apresenta algum grau de cansaço na rotina. E os jovens são os mais atingidos: dos entrevistados com idade entre 22 e 29 anos, 99% disseram estar exaustos. Porém, apesar de ser um sintoma comum, a falta de energia pode se agravar! Por isso é tão importante saber a causa do cansaço, e descobrir primeiramente se ele é físico ou mental.

Será que é físico?

O cansaço mental, por si só, exige do cérebro uma carga maior de concentração e energia. Esse excesso, provavelmente, causará uma perda de desempenho em alguma das outras atividades do corpo, proporcionando o mau funcionamento em outras áreas. Por conta disso, a mente pode responder de diversas formas, manifestando sintomas como: dores de cabeça, distensões musculares, falta de vitalidade fora do comum (fadiga), problemas estomacais como azia e refluxo, prisão de ventre ou diarreia, pressões na coluna e dores generalizadas pelo corpo.

As causas do cansaço mental podem ser, muitas vezes, inofensivas. Por exemplo, somente o exercício de pensar em determinado assunto repetidamente já pode resultar em estresse mental, tal como se preocupar demais com alguma situação ou apresentar comportamento compulsivo por alguma coisa (TOC — Transtorno Obsessivo-Compulsivo). Além disso, é importante saber que, tentar manter o controle ou perfeccionismo das atividades do dia a dia, cultivar pensamentos destrutivos, prender-se a conceitos predefinidos, e manter a crítica e a autocrítica em alta (fazendo muitos julgamentos de si próprio ou dos outros) são fatores altamente eficazes no aumento da pressão que a mente pode sofrer ao longo dos dias.

Prejuízos em longo prazo

Não dá para separar a mente do corpo: o que acontece em um reflete no outro. É por isso que, quando exigimos demais do nosso cérebro, seja trabalhando, estudando ou resolvendo problemas pessoais, a fadiga toma conta do organismo todo. O cansaço mental exige do nosso cérebro uma concentração e sobrecarga de energia maior do que o normal. Esse excesso, gradativamente, causará uma perda de desempenho em algumas das outras atividades do corpo, proporcionando o mau funcionamento em outras áreas. Como resultado, o corpo passa a manifestar disfunções como fibromialgia, dores generalizadas, distensões musculares, pressão na coluna, dor de cabeça e falta de vitalidade. Uma cabeça cansada também pode resultar em baixo rendimento físico, coordenação e concentração prejudicadas e falta de motivação.

E engana-se quem pensa que o cansaço mental só atrapalha aqueles que sofrem com o problema. Os danos também fazem com que as pessoas do mesmo convívio se tornem vítimas, pois a agressividade e os comportamentos instáveis passam a fazer parte da rotina, gerando incômodos.

Acompanhamento psicológico

Em muitos casos, o estresse crônico só é combatido com orientação profissional. Assim, quem não conseguir controlar os sintomas sozinho deve procurar ajuda de um psicólogo. Da mesma forma que existem diversas técnicas de relaxamento, há diferentes tipos de psicoterapia, e o especialista decidirá qual a melhor para o tratamento de cada caso.

Sempre que os sintomas da fadiga mental estiverem atrapalhando as atividades diárias ou forem frequentes, um especialista poderá avaliar o quadro e indicar os tratamentos possíveis, com base no estilo de vida e no perfil de cada paciente.

Portanto, para minimizar o cansaço mental, é necessário praticar exercícios físicos que gerem prazer, alimentar-se de forma balanceada, buscar uma rotina mais equilibrada de trabalho, fazer questão de manter atividades sociais que gerem relaxamento e descontração, e evitar guardar sentimentos ruins, buscando dialogar franca e respeitosamente com as pessoas.

Para controlar o cansaço mental, é preciso também dar fim à sobrecarga no cérebro. Em palavras simples, "esvaziar um pouco a cabeça". Para isso, nada melhor do que reservar momentos em seu dia para fazer pelo menos uma atividade que proporcione prazer.

Pode ser qualquer coisa: ler um livro, praticar um exercício físico, ouvir uma música, ver um filme, passear com o cachorro, brincar com as crianças. Mas é importante ressaltar que, caso os sintomas persistam, deve-se buscar ajuda com profissionais. Nenhum tipo de transtorno da mente deve ser subestimado.

2

POR DENTRO DA SÍNDROME

Em maio de 2019, a Organização Mundial da Saúde (OMS) definiu o burnout como uma síndrome resultante de estresse crônico no trabalho. Essa determinação entrou em vigor na Classificação Internacional de Doenças (CID) em 2022 e abriu caminho para mais estudos e discussões sobre o tema.

E quem nunca se sentiu estressado devido ao trabalho? Às vezes, cumprir o simples exercício do ofício pode ficar mais difícil do que imaginamos — ou gostaríamos. O ritmo frenético do mundo globalizado, as crises econômicas cíclicas, diversas contas, cobranças excessivas... Tudo isso contribui para a sensação de que o emprego se tornou um tormento, causando cada vez mais estresse entre os trabalhadores. Então, o que, na visão do grande público, é apenas um aborrecimento, para outras pessoas acaba se tornando um grave transtorno psíquico.

No limite

A síndrome de burnout se caracteriza como um distúrbio de caráter depressivo, acompanhado de extremo cansaço físico e mental. Esse quadro tem origem na constante pressão emocional relacionada ao envolvimento laboral intenso e por longo período de tempo. Por isso, afeta trabalhadores que estão no limite do estresse relacionado ao ofício, causando consequências psicológicas e físicas. O próprio termo *burnout* indica esgotamento: traduzido do inglês, significa "queimar-se" (ou "combustão completa").

Os primeiros estudos sobre a condição foram feitos pelo psicólogo alemão, radicado nos Estados Unidos, Herbert J. Freudenberger, ainda nos anos 1970. A expressão burnout foi muito empregada em décadas passadas, no esporte, para se referir a atletas que já tinham dado tudo o que podiam e não conseguiam mais manter um ótimo desempenho.

Atualmente, na 11ª Classificação Estatística Internacional de Doenças e Problemas Relacionados à Saúde (CID-11), o transtorno está registrado na categoria "Problemas associados ao emprego ou ao desemprego" (doença ocupacional).

Apesar de a causa da síndrome de burnout estar relacionada ao trabalho, as manifestações do distúrbio têm início no cérebro. O órgão possui uma dinâmica de sinapses e interações químicas, sendo esta composta por hormônios e neurotransmissores, como o cortisol — conhecido como o hormônio do estresse e um dos grandes responsáveis pela preparação do organismo para enfrentar desafios do cotidiano. Há também a influência da noradrenalina, responsável pela sensação de motivação e de atenção. Ou seja, para quem lida com a síndrome constantemente, é como se a pessoa estivesse em estado de alerta o tempo todo. Assim, em questão de segundos, o corpo entra em uma condição na qual fica pronto para enfrentar o risco que está próximo. Com a liberação de hormônios pelo hipotálamo, surgem diversas reações, como a maior produção de neurotransmissores (por exemplo, a adrenalina, que age em situações de medo, perigo e estresse) no cérebro.

Quando o cansaço mental ocorre, há queda da produção dessas substâncias e, por consequência, surgem sintomas como: desânimo, desatenção, dispersão, esquecimentos, pensamentos mais vagarosos, alteração no sono, alta irritabilidade e exaustão.

Nas reações de estresse, assim como na ansiedade, o cérebro como um todo reage, mas temos algumas regiões que estão diretamente envolvidas. Entre elas está a amígdala, que faz parte do sistema de resposta utilizando certas emoções, como a raiva e o medo. Outra região é o lobo frontal, mais racional e "sofisticado" em resposta ao esgotamento. Algumas funções desenhadas pelo lobo frontal são o pensamento abstrato, o planejamento, a execução e o controle de impulsos.

O sistema límbico, relacionado à mediação das emoções e da memória, também faz parte do processo. Entre suas estruturas, podemos falar do hipocampo (converte a memória de curto prazo em longo prazo) e da ínsula (coordena as emoções e é responsável pelo paladar).

Áreas de risco

Geralmente, o distúrbio é propício em empregos cujas exigências são altas, ou seja, onde há muita pressão e comportamentos compreendidos como agressivos. Apesar de poder ser encontrado em qualquer atividade, o burnout se mostra mais evidente em indivíduos cuja profissão exige envolvimento interpessoal intenso, com algum impacto direto à vida de outras pessoas. Entre eles, estão: profissionais da área da saúde, professores, advogados, psicólogos, assistentes sociais, jornalistas, bombeiros, policiais, agentes penitenciários e bancários.

Preocupação além da empresa

Também conhecido como síndrome do esgotamento profissional, o quadro afeta principalmente pessoas que se dedicam intensamente ao trabalho e reservam pouco tempo para o lazer e o descanso. Não há nenhum sinal aparente que denuncie a disfunção, mas, aos poucos, o quadro surge por conta das condições estressantes no trabalho enfrentadas por períodos prolongados. Esses fatores, além de atrapalharem o desempenho profissional, começam a interferir em outros âmbitos da vida, prejudicando, também, o convívio e a autoestima. Por não possuir um ambiente agradável no trabalho, a pessoa carrega cada vez mais os problemas para casa, até mesmo os interpessoais — por exemplo, discussões com outros funcionários. Com isso, as chances de superar as dificuldades são reduzidas, e nada é capaz de aliviar a tensão que toma conta de sua vida.

No que se refere ao perfil dos afetados, o burnout não escolhe suas vítimas pelo gênero ou idade, embora mulheres sejam as mais propensas a procurar ajuda mais cedo. As fontes do esgotamento total dos profissionais são as mesmas para ambos os sexos, mas os reais motivos podem ser diferentes: para os homens, a incerteza em relação ao futuro é a principal razão para o estresse, enquanto a sobrecarga de trabalho é o ponto mais complicado de lidar entre as mulheres. Outros aspectos, como relacionamento interpessoal e falta de controle sobre as tarefas, também aparecem como importantes causas.

3

POSSÍVEIS GATILHOS

"Começo o dia bem, com total foco e disposição! Porém, após duas ou três horas de trabalho, começo a sentir um esgotamento, perdendo a concentração com facilidade e me sentindo improdutivo." Essa situação lhe parece familiar?

O ambiente de trabalho, muitas vezes, pode ser um dos gatilhos para a instalação do cansaço mental, por mais que se esteja satisfeito com o emprego e com o salário. Mas por que isso acontece? Muitos podem ser os motivos pelos quais uma pessoa pode se sentir pressionada ou esgotada. Receio de perder o emprego e diálogo dificultado com os superiores são alguns exemplos.

Gatilhos no ambiente de trabalho

1- Medo de demissão: De acordo com informações do International Stress Management Association no Brasil (ISMA-BR), 72% da população economicamente ativa no país possui altos níveis de estresse. Desses, 32% desenvolveram síndrome de burnout. Pesquisadores aplicaram um questionário para mil pessoas, de Porto Alegre (RS) e São Paulo (SP).

Segundo os dados da pesquisa, aproximadamente 92% dos profissionais com burnout se sentem incapacitados e esgotados, porém continuam exercendo seu trabalho por medo de uma demissão.

2- Falta de empatia: Saber colocar-se no lugar do outro e reconhecer as necessidades dos funcionários é um ponto essencial. A cobrança, seja qual for a empresa, vai existir. Contudo, o que acontece, muitas vezes — e há pesquisas que corroboram essa afirmação —, é que as empresas não aproveitam bem os seus funcionários, ou seja, deixam de usufruir da melhor forma possível o que eles poderiam desempenhar lá dentro.

Isso ocasiona certa frustração, pois, muitas vezes, a pessoa está fazendo o melhor que pode, mas a melhor habilidade dela, na verdade, é outra.

Ainda que ocupem a mesma função, os funcionários podem ter características, valores e, principalmente, motivações bem distintas, e é importante que a empresa considere isso na maneira como lida com cada um deles. Dessa forma, tanto o trabalhador quanto a empresa saem ganhando.

3- Relacionamento ruim com os superiores: Ter uma boa relação com colegas e gestores, além de possuir as ferramentas necessárias para estabelecer um diálogo aberto dentro da empresa, são pontos que fazem a diferença na rotina de trabalho.

Isso porque, quando o funcionário não se sente confortável e livre para expor seus problemas, frustrações e desejos, por exemplo, acaba se sentindo ainda mais pressionado e infeliz. Só para se ter uma ideia, apesar de a qualidade de vida do trabalhador estar cada vez mais na pauta das empresas, uma pesquisa da Love Mondays (atualmente Glassdoor), realizada em 2018 com 4.492 pessoas, mostra que 70% querem mudar de emprego: 29,6% desejam um trabalho mais conectado com seu propósito de vida, 28,9% buscam oportunidades de crescimento e 24,6%, um salário melhor, enquanto 6% reclamam da liderança, 5,8% da qualidade de vida e 5% criticam o ambiente de trabalho ruim.

A conexão da empresa com os valores pessoais, por outro lado, aparece em segundo lugar entre as pessoas que querem permanecer no atual emprego, com 18,5%, atrás apenas da possibilidade de crescimento (25,1%).

Afastamentos no Brasil

Os transtornos mentais estão entre as principais causas de afastamento do trabalho no Brasil. Dados do Instituto Nacional de Segurança Social (INSS) de 2024 revelam que o número de afastamentos e aposentadorias cresceu, em 2023, quase 40% em relação ao ano anterior, o que gerou quase 290 mil benefícios por algum tipo de incapacidade relacionada à saúde mental. Segundo um estudo feito pela Federação das Indústrias do Estado de Minas Gerais (FIEMG), questões psicológicas causaram um prejuízo de 4,7% ao Produto Interno Bruto (PIB), ao se considerar aposentadorias precoces, afastamentos, licenças médicas, erros e queda na produtividade.

Resolvendo o problema

Existe uma série de atitudes que podem ser aderidas no dia a dia a fim de reduzir ou, até mesmo, eliminar de vez o cansaço mental no ambiente corporativo. Que tal colocá-las em prática?

1. Fit cultural: Não é à toa que expressões como fit cultural e ambiente de trabalho adequado, além do investimento por parte da própria empresa como marca empregadora, estejam cada vez mais frequentes nos bastidores do mercado corporativo.

O fit cultural nada mais é do que o trabalho de alinhar os valores do candidato aos da empresa já na seleção para uma vaga. Isso quer dizer que não apenas suas competências são avaliadas, mas também sua adequação à cultura do local de trabalho.

Não necessariamente o profissional precisa ter o melhor desempenho técnico; ele precisa ser uma pessoa que está bem e, com isso, será capaz de desempenhar melhor as funções. Com isso, vai se sentir parte integrante e não terá raiva da empresa, pois, muitas vezes, as pessoas olham para os empregadores com bastante raiva e desdém, e acabam trabalhando só pelo dinheiro.

Funcionários que são otimistas, que estão bem, trazem 100% mais resultados em relação àqueles que estão insatisfeitos. Essa conexão funcionário-empresa tem sido vista como uma saída para evitar a alta rotatividade de trabalhadores.

Mudança de cultura

Fundada em 1991 em São Francisco, na Califórnia (EUA), a Great Place to Work incentiva a mudança de cultura organizacional e, além de prestar consultorias, tem um programa de certificação de boas práticas, com a concessão de selo às melhores empresas para trabalhar. A GPTW mantém escritórios em 59 países, incluindo o Brasil. Uma das empresas do ranking, por exemplo, oferece um reembolso equivalente a R$ 265,00 por mês para ser usado em clubes de saúde, programas de treinamento esportivo, yoga e massagens. O resultado? Funcionários mais engajados e produtivos, que interagem de forma mais harmoniosa.

2. Meditação: A inspiração veio do Vale do Silício, na Califórnia (EUA), onde as empresas buscam estimular o empreendedorismo e a inovação com ambientes em que os funcionários podem relaxar, aliviar as tensões e, assim, ter mais energia e criatividade nos negócios.

Muitas empresas já aderiram à meditação. Momentos de pausa e de silêncio ao longo do dia são como se nós "reiniciássemos" a máquina. Os pensamentos se tornam mais claros e menos conturbados.

Atualmente, não há muitos momentos de pausa na rotina das pessoas, e o sistema nervoso simpático, que ativa a "luta ou fuga", está ativo o dia todo, liberando cortisol e adrenalina na corrente sanguínea, o que, em longo prazo, leva as pessoas à exaustão.

Portanto, meditar é uma saída simples e barata, que não toma muito tempo e dá grandes resultados, ou seja, mesmo pequenos negócios, com poucos recursos, podem se valer da prática para melhorar a saúde de seus funcionários e, consequentemente, da própria empresa. Uma aula de meditação de 30 minutos por semana já tem mostrado excelentes resultados quando os funcionários repetem as técnicas diariamente. Mais criatividade, produtividade, foco e concentração, e menos faltas por doenças, são apenas alguns dos benefícios, além de uma melhora no ambiente de trabalho.

3. **Medidas estimulantes:** Várias outras ações ajudam os trabalhadores a se conectarem ao ambiente de trabalho, aumentando o bem-estar

e reduzindo o estresse. É o caso do pet day — quando os funcionários podem trabalhar ao lado de seus animais de estimação —, ou da viagem fora do período de férias dada anualmente a um membro da equipe, escolhido com base em questionário anônimo respondido pelos próprios colegas.

Há ainda empresas que estimulam o transporte saudável, com a reforma de vestiários e a instalação de bicicletário para atender as pessoas que vão ao trabalho de bicicleta. Outras ainda permitem que os pais levem os filhos, aproximando os ambientes familiar e profissional. Portanto, para tornar um ambiente de trabalho agradável, a ênfase deve ser no local, e não no trabalhador. Isso envolve a qualidade de relacionamentos e o suporte dos colegas de trabalho e das lideranças e chefias, o grau de autonomia e interferência nas atividades de trabalho, a efetividade e a transparência na comunicação, além da possibilidade de conciliar a vida pessoal com as atividades profissionais.

O trabalho pode ser fonte de estresse ou de qualidade de vida. O ideal é que as empresas se dediquem a desenvolver um ambiente de trabalho acolhedor, agradável, com boas condições e organização adequadas, que preze pelo diálogo, pela equidade e participação efetiva de seus integrantes, para que, complementarmente, oferça facilidades e mecanismos para aliviar o estresse.

4

OUTROS TRANSTORNOS MENTAIS

O cansaço físico e mental acomete cada vez mais pessoas, sobretudo devido à rotina agitada que enfrentamos. Isso pode levar ao desenvolvimento de vários déficits na saúde, uma vez que tanto o corpo quanto a mente precisam de descanso.

Passar por momentos de irritação, ansiedade ou tristeza, de vez em quando, é normal. Afinal, é pouco provável que alguém consiga ficar calmo ou alegre todo o tempo, e essa variação de humor pode até ser saudável: a ansiedade, por exemplo, é um mecanismo natural que prepara o corpo para situações de risco. O problema é quando esses sentimentos se tornam frequentes e passam a liberar substâncias que não deveriam circular no organismo em grandes quantidades, causando, com isso, diferentes complicações para a saúde.

Ansiedade, por exemplo, se torna um transtorno quando ela traz prejuízos que dificultam a vida, impossibilitando atividades de trabalho, pessoais ou de lazer. O mesmo acontece com o estresse e a depressão: quando se tornam condições crônicas, é preciso buscar ajuda médica. A depressão já é a doença que mais torna pessoas inaptas no mundo. Assim como outros quadros, a exemplo de hipertensão ou diabetes, ela também requer tratamento.

Dependendo da causa e dos sintomas, um transtorno emocional pode ser caracterizado de diferentes formas e exigir tratamento específico. Daí a importância de consultar um especialista e nunca praticar a automedicação. Além disso, o distúrbio pode vir isolado ou acompanhado de outros tipos de transtornos. Conheça, a seguir, as características de alguns:

Transtorno de ansiedade generalizada

Possui relação com a expectativa de que algo desagradável ou prejudicial aconteça, do ponto de vista psicológico. Contudo, nem sempre quem convive com esse transtorno sabe com o que ou por que está ansioso. A ansiedade se apresenta de diversas formas no dia a dia. Pode ser no humor, em que há uma angústia frequente, desespero, medo irracional e constante, insegurança, falta de disposição e ressentimento. Os pensamentos também se tornam confusos, descontrolados, e há uma preocupação fora do comum em relação ao presente e ao futuro. Existem diversas gradações das manifestações da ansiedade, e todas precisam de cuidado.

Outras formas de ansiedade

Agorafobia: ansiedade manifestada em locais ou situações nos quais pode ser complicado ou embaraçoso, para o indivíduo, escapar, por exemplo, de multidões.

Fobias: medo excessivo e irracional de um objeto ou situação que causa pavor. Também pode ocorrer por antecipação.

Estresse pós-traumático: após um trauma, a pessoa começa a reviver o evento e ser afetada pela lembrança. Em três meses, evolui para um quadro agudo. Acima disso, é classificado como crônico.

Ansiedade induzida por substâncias: álcool, cafeína e drogas ilícitas podem levar a transtornos de ansiedade. Os sintomas podem aparecer durante a intoxicação ou mesmo um mês após o consumo.

Síndrome do pânico: resulta em crises súbitas de mal-estar e alterações de comportamento associadas ao medo de ter novas crises.

Transtorno obsessivo-compulsivo (TOC): causa pensamentos obsessivos, e a necessidade de cumprir rituais para suprimi-los.

Estresse

É uma reação do organismo que inclui componentes psicológicos, físicos, mentais e hormonais, e ocorre quando surge a necessidade de uma grande adaptação a um evento ou situação de importância. Esse acontecimento pode ser algo negativo ou positivo.

O estresse "bom", por exemplo, é aquele em sua fase inicial, ou seja, de alerta. O organismo produz adrenalina, que dá ânimo, vigor e energia, fazendo a pessoa produzir mais e ser muito criativa. Já o negativo acontece quando o indivíduo ultrapassa seus limites e esgota sua capacidade de adaptação. O organismo fica destituído de nutrientes e a energia mental fica reduzida, além da produtividade e da capacidade de trabalho serem prejudicadas.

Depressão

Entre os fatores que podem desencadear o transtorno, estão os biológicos, psicológicos e ambientais. Pesquisas indicam que filhos de pais depressivos têm maior tendência ao desenvolvimento do quadro. Isso ocorre porque a doença está relacionada à produção de serotonina no indivíduo, que é herdada geneticamente.

Em relação aos fatores psicológicos, a depressão está ligada a experiências de perdas significativas, como a morte de um ente querido, a perda de um emprego ou local de moradia, mudança de status socioeconômico, doenças graves ou crônicas, ou ainda, algo puramente simbólico e importante para aquela pessoa, e que não pôde ser alcançado ou do qual ela tenha sido privada.

- Episódio depressivo: é basicamente a forma mais recorrente do quadro. Pode durar semanas ou anos, e tem os sintomas clássicos de contínua tristeza, apatia, perda de interesse por atividades antes prazerosas, além de alterações do sono e do apetite. Varia entre os estados leve, moderado e grave.
- Depressão pós-parto: atualmente bastante conhecida, é o caso que se registra em mulheres que acabaram de dar à luz (e, em menor quantidade, em pais que participaram do processo também). Costuma estar acompanhada do sentimento de incapacidade de se criar um filho, baixa autoestima e, até mesmo, a rejeição ao bebê.

- Depressão psicótica: é geralmente associada ao estado profundo do episódio depressivo. Os afetados por essa condição, além da imensa tristeza e da possível perda de interesse pela vida, passam a ter alucinações e delírios, e chegam a entrar em transe.
- Depressão sazonal: costuma surgir em casos de mudanças climáticas, principalmente no inverno. A chegada do frio e a ambientação escura acabam levando a uma depressão passageira. Também se registram casos sazonais em festas de fim de ano, nas quais é recorrente o número elevado de suicídios. Em países muito frios, também é alarmante o número de suicidas.

Sintomas físicos

Normalmente, o estresse, a depressão e a ansiedade apresentam sintomas físicos que, na maioria dos casos, precisam de ajuda médica. Conheça alguns deles e saiba quando se preocupar:

Enxaqueca: dores de cabeça de alta intensidade, que limitam o dia a dia.

Bruxismo: é o ranger dos dentes de forma involuntária durante o sono, provocando desgaste e amolecimento.

Tremedeira: percebidos mais na região das mãos e dos braços, os tremores podem afetar qualquer parte do corpo.

Zumbido: é a audição de um som constante ou que vai e vem, sem ter nenhuma relação de causa e efeito com o ambiente.

Manchas: nada mais são do que respostas do organismo ao estresse e às alterações psicossomáticas. O fenômeno, chamado de psicodermatose, é percebido em qualquer doença de pele, como vitiligo, acnes e manchas.

Taquicardia: é uma forma de arritmia cardíaca que indica taxas de batimentos rápidos do coração, ou seja, maiores de 100 por minuto em pacientes adultos.

Problemas no intestino: a serotonina, hormônio que regula o humor, está presente também no intestino. Sua ausência, em quadros depressivos, pode causar dores abdominais e nas costas, perda de libido e de ritmo cardíaco e, até mesmo, alterar a temperatura corporal.

Diferentes níveis:

Tipo leve: a pessoa não se reconhece e apresenta menos energia para realizar atividades, porém sua condição ainda não oferece prejuízo funcional e de socialização.

Moderada: além da perda de energia, há o prejuízo funcional e social da pessoa.

Grave: há perda completa de interesse pelo trabalho e pela vida em geral. O quadro é disfuncional e há sérios riscos de que a pessoa cometa suicídio.

Tratamentos

Dificilmente o indivíduo consegue se livrar de um transtorno ou doença psicológica só com mudança de hábitos. Há casos mais leves, em que são indicados medicamentos ou sessões de terapia — em geral, a cognitivo-comportamental é aplicada, pois visa modificar padrões de comportamento e de pensamentos, mas não é a única alternativa. Já para quem apresenta ansiedade de moderada a grave, há uma combinação de remédios com a TCC.

Essa combinação de terapias com base na psicologia e o acompanhamento psiquiátrico é a opção mais recomendada para os ansiosos. Só um psiquiatra pode determinar o tempo de uso e a dosagem dos remédios, todos de venda controlada. Geralmente, se faz o tratamento e, depois, pode haver uma diminuição progressiva da medicação sob acompanhamento médico.

5

O QUE EXISTE DE TRATAMENTO?

No ritmo caótico e acelerado dos dias atuais, é quase impossível não se sentir com o corpo cansado. Mas é importante salientar que a mente também sofre com a exaustão, estimulada pela rotina frenética.

Viver a todo momento cercado de informações, obrigações e tarefas que demandam esforço psíquico acaba gerando cansaço mental, e isso não deve ser ignorado. O esgotamento pode ser causado por quadros que, atualmente, são chamados de "doenças do século", como é o caso de transtornos como ansiedade, estresse e depressão.

Para conseguir lidar com essas questões, o indivíduo que se encontra em tal condição pode recorrer a diversas alternativas para conquistar o bem-estar emocional. Nesse grande leque de opções, há diferentes meios para obter alívio das pressões mentais.

Psicoterapia

Conhecida popularmente pela imagem de um profissional dialogando com um indivíduo, a psicoterapia, normalmente, trata questões voltadas à emoção, ao comportamento e à cognição.

Assim, a comunicação entre terapeuta e paciente é a porta de entrada para o campo psicológico, no qual é possível identificar a causa de eventuais incômodos que a pessoa vem sentindo e, assim, promover ferramentas para tratá-los. Dessa forma, existem diversas abordagens:

Gestalt-terapia

Essa técnica, datada no século XX, leva em consideração o paciente e seu espaço no mundo. Os Gestalt-terapeutas acreditam que seja impossível separar o sujeito do seu ambiente. Portanto, o profissional deve acompanhar o cliente em seu universo particular, ajudando a pessoa a criar uma diferente percepção de si mesma. A terapia, que tem duração média de um ano e meio, pode ocorrer com o paciente e se estender à sua família.

Essa flexibilidade existe porque o terapeuta acredita na transformação do ser humano como indivíduo a partir de suas relações, ou seja, a pessoa deve se sentir protegida e confortável para ser capaz de se expor e, dessa forma, se colocar em uma posição vulnerável e de autoconhecimento.

Psicoterapia junguiana ou analítica

Criada pelo psiquiatra suíço Carl Gustav Jung, essa vertente prega a adequação do terapeuta de acordo com o tempo do paciente, que deve falar o que o aflige na velocidade que lhe convém. Os adeptos dessa corrente acreditam que o ser humano recebe influência do coletivo e das gerações passadas — arquétipos.

Para Jung, o inconsciente humano possui duas instâncias: o inconsciente pessoal, representado pelas experiências do indivíduo, que podem ser reprimidas, ignoradas e esquecidas, e o inconsciente coletivo, constituído por imagens virtuais e arquétipos herdados das outras gerações.

Os psicólogos junguianos defendem a ideia de que o sonho faz parte da psique do indivíduo. Eles seriam a maneira pela qual o inconsciente manda, por algum motivo, suas mensagens. Portanto, a análise e a interpretação dos sonhos deve ser ampla.

Psicanálise lacaniana

Fundada pelo psicanalista francês Jacques Lacan, essa corrente traz da linguística a forma de escrever e entender o inconsciente. Os terapeutas lacanianos fazem poucas — quase nenhuma — intervenções durante a fala do paciente. Entretanto, utilizam perguntas e observações para incentivar o indivíduo, promovendo clareza e compreensão.

Durante as consultas, o terapeuta presta atenção no que é falado, mas, principalmente, no que não é. Porém, a terapia só é eficiente por si só quando o quadro estiver em estágio inicial ou em grau leve.

Terapia cognitivo-comportamental

Mais conhecida como TCC, esse tipo de terapia foi desenvolvido por Aaron Beck e pode ser indicado no tratamento de depressão, ansiedade, fobias, além de casos de Transtorno Obsessivo-Compulsivo (TOC), síndrome do pânico e dependência química.

Diferentemente de outras técnicas existentes, a terapia cognitivo-comportamental não procura fazer com que o paciente relembre acontecimentos passados, que, inclusive, possam ter sido traumatizantes e negativos. Os terapeutas cognitivo-comportamentais procuram encontrar soluções para o futuro, preparar o indivíduo com estratégias para evitar malefícios futuros e modificar ideias para melhorar o presente.

Distinta da psicanálise lacaniana, apresenta maior colaboração do profissional. Ele é responsável por fazer perguntas com ampla possibilidade de respostas. O paciente percebe, assim, que seus pensamentos e suas ideias acerca de si mesmo não são “verdades universais”.

Terapias orientais

Tuiná ou massagem chinesa

Essa técnica estimula a circulação sanguínea e causa relaxamento no corpo e na mente por meio da massagem. A aplicação de pedras quentes provoca a sensação de bem-estar liberada pela energia Yang, princípio ativo luminoso e intenso.

Reflexologia

Consiste na massagem nos pés do paciente. Os terapeutas acreditam que essa parte do corpo possui ligações com todos os órgãos e músculos, portanto, massageá-los mostraria onde está o problema, dependendo do lugar onde a pressão é aplicada.

Outras alternativas

Acupuntura

Prática oriunda da China, consiste na aplicação de diversas agulhas pelos tecidos da pele. Ocorre uma variação na profundidade e nos modos de estímulo de acordo com as queixas do paciente. A acupuntura possui efeito analgésico, ansiolítico e antidepressivo, reduz as inflamações, melhora a imunidade e o fluxo sanguíneo e equilibra as taxas hormonais.

Essa prática pode auxiliar no tratamento de transtornos físicos e emocionais. Ela também ajuda a prevenir a depressão, pois ativa hormônios do bem-estar, como a endorfina, e equilibra o sistema hormonal do paciente, diminuindo os sintomas da depressão.

Além disso, a técnica ajuda a combater o reumatismo ao diminuir as inflamações e melhorar o fluxo sanguíneo, amenizando as dores. Por fim, contribui no combate à insônia, já que libera endorfina e serotonina, proporcionando relaxamento, redução da ansiedade e da irritabilidade, o que auxilia uma excelente noite de sono.

Pilates

Cada vez mais pessoas são adeptas da prática. Os exercícios de pilates podem ser personalizados para cada indivíduo, o que atrai mais pessoas. Esse método demanda maior concentração e foco durante os movimentos.

A técnica atua beneficiando tanto o corpo quanto a mente humana, mantendo-os em equilíbrio. Além disso, o controle da respiração durante a atividade promove a sensação de bem-estar.

6

ORIENTAÇÕES PROFISSIONAIS

Engana-se quem pensa que a alimentação serve apenas para nutrir o corpo. Comer bem significa fornecer energia ao cérebro! Esse órgão está em trabalho contínuo, então é ideal que se escolha bons alimentos durante todo o dia a fim de que seu cérebro consiga auxiliar de forma correta o restante do corpo.

O cansaço mental e as doenças neurodegenerativas (como o Alzheimer) podem ser amenizados e, em alguns casos, prevenidos com a ingestão de alimentos específicos e na quantidade correta. O cérebro é responsável por tudo o que nosso corpo faz, portanto, quando ele não está bem, os demais órgãos também não estarão.

São muitos os nutrientes que favorecem a saúde do seu cérebro, e as funções de cada um diferem bastante. Assim, é importante entender quais nutrientes são fundamentais para que sua inserção na dieta seja natural e saudável.

Nutrientes aliados

Antioxidantes: protegem contra o estresse oxidativo. Encontram-se em abundância em alimentos como castanhas e amêndoas brasileiras, alimentos que favorecem a circulação sanguínea e a chegada do oxigênio nas demais partes do corpo.

Fitonutrientes: possuem efeitos positivos na manutenção da qualidade da memória, além de serem neuroprotetores. Podem ser encontrados nos vegetais.

Aminoácidos: são obtidos pela quebra de proteínas, fundamentais para que o cérebro produza neurotransmissores. Podem ser encontrados em carnes, ovos, laticínios e feijão.

Tirosina: necessária para que os neurotransmissores noradrenalina e dopamina existam. Pode ser encontrada em frutos do mar.

Zinco: melhora a capacidade cognitiva. Você vai encontrá-lo em alimentos como carne de peru, cogumelos e amendoim.

Colina: é essencial para a memória dos adultos, já que protege as membranas celulares que envolvem o sistema nervoso.

Ácido fólico: é essencial para futuras mamães e bebês, pois atua no desenvolvimento do sistema nervoso do feto. É encontrado no feijão e no espinafre.

Triptofano: responsável pela produção de serotonina, um neurotransmissor que atua na sensação de bem-estar.

Vitamina D: trata a perda de memória ligada ao envelhecimento. A principal forma de obtenção dessa vitamina é pela ação dos raios solares sobre a pele.

Ômega-3: é uma gordura poli-insaturada que representa uma família de ácidos graxos. Ele aprimora o desempenho cognitivo, a atividade cerebral e a comunicação entre as células cerebrais. Seu consumo ainda contribui na melhora da memória de pessoas jovens e na diminuição dos riscos de demência ao envelhecer, além de ajudar a retardar o surgimento do Alzheimer. Alguns alimentos ricos nesse nutriente são as sementes de linhaça, de chia, e peixes como atum e salmão.

Proteínas: são substâncias essenciais para a produção de neurotransmissores, responsáveis pelo fluxo de informações entre o cérebro e o restante do corpo. Podem ser encontradas em peixes, carnes e ovos.

Açúcares: a glicose é a principal fonte de energia cerebral. Contudo, é importante se atentar à quantidade ingerida da substância, já que o órgão não tem capacidade de transformar gorduras ou proteínas em glicose, e acaba dependendo unicamente da que consumimos diariamente.

Alimentos aliados

Azeite: atua como um agente antioxidante, combatendo os radicais livres, moléculas que, em excesso, danificam as células do corpo.

Café: assim como o azeite, também possui ação antioxidante no organismo humano. Dessa forma, também tem ação contra os radicais livres, que estimulam o envelhecimento celular.

Morango: blinda a memória, pois conta com substâncias que atuam no combate ao envelhecimento das células cerebrais.

Brócolis: um estudo recente revelou que o sulforafano presente nele afasta o estresse oxidativo e a morte neural.

Suco de uva integral: proporciona efeitos positivos na manutenção da capacidade neurológica, já que os polifenóis encontrados na uva agem sobre o tecido nervoso, ajudando a adiar a neurodegeneração.

Romã: essa fruta possui polifenóis, compostos que ajudam a combater moléculas que causam danos às células cerebrais.

Não deixe seu cérebro cansado

Siga estratégias que impeçam a fadiga mental e que permitam ao órgão atigir o seu potencial máximo:

- Nunca pule o café da manhã. Esse hábito reduz a nutrição do cérebro.
- O consumo de açúcares em excesso é prejudicial ao comportamento cerebral. Em longo prazo, até as funções cognitivas podem ser prejudicadas. Modere-o.

· A ingestão de álcool em excesso pode afetar a estrutura do órgão.

· A fome afeta a capacidade de tomar decisões mais racionais. Alimente-se nos horários adequados.

· A frutose (açúcar encontrado em legumes e, principalmente, frutas), quando consumida em excesso, abre o apetite. Portanto, não tente "enganar" seu organismo ao consumir várias frutas em vez de uma refeição completa.

CONSULTORIAS

Alessandra Mazzoni, *dentista;*

Ana Maria Rossi, *psicóloga e presidente da International Stress Management Association no Brasil (Isma-BR);*

Ana Paula Magosso Cavaggioni, *psicóloga;*

Ana Rosa Costa, *nutricionista do Centro Médico Pastore;*

Ari Halpern, *reumatologista;*

Bernard Miodownik, *psiquiatra;*

Clara Araújo, *naturóloga;*

Cristiane Mellado, *terapeuta cognitivo-comportamental;*

Davi Ruivo, *psicólogo;*

Eduardo Villar Potiens, *psicólogo;*

Elodia Avila, *cirurgiã plástica;*

Erica Aidar, *terapeuta e coach;*

Gerson Köhler, *especialista em ortodontia e ortopedia facial;*

Gino Cammarota, *psicanalista;*

Helena de Castro, *psiquiatra;*

Jaqueline Araujo dos Santos Bertoli, *nutricionista;*

Juliana Bizeto, *psicóloga;*

Leonard Verea, *psiquiatra;*

Lia Rita Azeredo Bittencourt, *professora adjunta de Medicina e Biologia do Sono;*

Marcella Mantovani Pazin, *psicóloga;*

Marcelo Pinheiro, *gestalt-terapeuta;*

Marcos Henrique Mendanha, *médico e advogado;*

Maria Cristina de Stefano, *psiquiatra;*

Marilia Funes, *especialista em acupuntura e anestesiologia;*

Nicolau José Maluf, *psicólogo;*

Paula Ribeiro, *terapeuta e professora de ioga e meditação;*

Ricardo Frota, *psiquiatra;*

Ricardo Zanuto, *mestre e doutor em Fisiologia Humana e Biofísica, Graduado em Nutrição Esportiva e Educação Física;*

Rita de Cássia Guimarães, *otorrinolaringologista;*

Robby Ares, *psicoterapeuta;*

Roberto Debski, *acupunturista e homeopata;*

Sergio Roberto de Lucca, *pesquisador e médico especialista em medicina do trabalho;*

Tamara Mazaracki, *nutróloga e médica ortomolecular;*

Tylá Pillotto Duarte, *naturóloga e acupunturista;*

Wenqían Chen, *médica de medicina tradicional chinesa e fundadora do Centro de Terapias Chinesas;*

Yuri Busin, *psicólogo especialista em neurociência cognitiva.*

FONTES

NIELSEN, Karina; *et al*. Heathly workers, thriving companies – a pratical guide to wellbeing at work. *European Agency for Safety and Health at Work*, 2018.

SITES

Associação Brasileira de Psicoterapia. Disponível em: http://www.abrap.org/blog/

BOUÇAS, Cibele. Transtorno mental gera perda de 4,7% do PIB. Valor investe - Brasil e Política. Belo Horizonte, 2023. Disponível em: https://valorinveste.globo.com/mercados/brasil-e-politica/noticia/2023/03/09/transtorno-mental-gera-perda-de-47percent-do-pib.ghtml

ROSA, Mayra. 5 hábitos alimentares que afetam o cérebro. Ciclo Vivo. Disponível em: https://bit.ly/2JYNjTc.

SCHMITT, Tori. Os cinco nutrientes para seu cérebro. Quality for Life. Disponível em: https://bit.ly/2YJeyq9.

SEBRAE. Entenda como a Síndrome de Burnout afeta odia a dia das empresas. Disponível em: https://sebrae.com.br/sites/PortalSebrae/ufs/pe/artigos/como-a-sindrome--de-burnout-afeta-o-dia-a-dia-das-empresas

UNIMED CAMPO GRANDE. Afastamentos por doenças mentais no trabalho crescem cerca de 40% em 2023, aponta INSS. Notícias, 2024. Disponível em: https://www.unimed.coop.br/site/web/campogrande/noticias

Segunda edição (junho/2024)
Papel de miolo Luxcream 80g
Tipografia Alegreya Sans, Bison e Visby
Gráfica Santa Marta